Méthode de français

Ludo et ses amis 1

Corinne Marchois

didier

Bienvenue dans le monde de Ludo !

Tu vas apprendre le français avec Ludo le robot
et son ami, Léo le lapin.
Avec eux, tu vas chanter, écouter des histoires,
jouer avec les mots et les sons, faire de
nombreuses activités très sympathiques et
même faire la cuisine.
Ludo et Léo vont t'aider à progresser très vite
car ils vont te donner envie de parler français
et t'encourager sans cesse.
Tu vas découvrir la France et apprendre à connaître
les jeunes Français.
Une belle aventure commence et, tous ensemble
avec Ludo et Léo, parlons français !

Dans ton livre et dans ton cahier, tu trouveras :

: Tu écoutes un enregistrement.

: Tu parles.

: Tu lis.

: Tu écris.

boîte à outils : Ton dictionnaire.

Bonjour / : Tu te souviens des mots.

Comment tu t'appelles ? : Tu te souviens des phrases.

Je comprends, je sais dire : Tu apprends à parler.

Je joue avec les mots et les sons : Tu écoutes une comptine. Tu écoutes des rythmes, des sons. Tu répètes et tu dis.

Album : Tu écoutes une histoire. Tu joues l'histoire.

En France : Tu découvres la France.

Avec mes 10 doigts : Tu fabriques un objet. Tu fais la cuisine.

	Apprentissage linguistique	Jeux rythmiques et vocaux	Comptine	Album	Culturel	Travail manuel/ Recette
Unité 1 p. 6	*Bonjour !* *Au revoir !* **Comment tu t'appelles…?** **Je m'appelle…** ***C'est* + couleur :** *C'est rouge.* • Lexique : les couleurs *(rouge, bleu, vert, orange).*	• Taper le rythme/longueur et intensité → notion de syllabe	*Jojo le facteur*	*Rocco le Renard*	La poste, le facteur	• Fabriquer un badge • La salade de fruits
Unité 2 p. 14	*Joyeux/Bon anniversaire !* **Quel âge tu as ?** **J'ai … ans.** • Lexique : les nombres de 1 à 9. • Lexique : les couleurs *(rose, noir, jaune, blanc).*	• Le son [y] • Dénombrer des syllabes orales	*1, 2, 3, nous allons au bois*	*Bon anniversaire, monsieur Crocodile !*	L'anniversaire	• Fabriquer un chapeau de fête • Le gâteau au chocolat
Unité 3 p. 22	*Joyeux Noël !* **Je voudrais + nom + couleur :** *Je voudrais un vélo rouge.* **Qu'est-ce que c'est ?** **C'est un/une/ma/mon + nom :** *C'est une poupée.* • Lexique : les cadeaux *(ballon, guitare, jeu vidéo, ours, poupée, robot, souris, train, vélo).* **Combien il y a de + nom ? :** *Combien il y a de lions ?* • Lexique : les animaux *(chat, chien, crocodile, éléphant, girafe, lion, ours, tigre, vache).*	• Virelangues • Les sons [ʃ]/[ʒ]/[z]/[s]	*Promenons-nous dans les bois*	*La famille Globule*	Noël	• Fabriquer un calendrier de l'Avent • Les dattes fourrées

	Apprentissage linguistique	Jeux rythmiques et vocaux	Comptine	Album	Culturel	Travail manuel/ Recette
Unité 4 p. 30	*C'est ma maman/mère. C'est mon père/papa. C'est mon frère. C'est ma sœur. C'est moi.* *J'ai des yeux verts/bleus/ marron et des cheveux longs/courts ; blonds/ bruns/châtains.* *Comment tu vas ? Ça va. Ça ne va pas. Ça va comme-ci comme-ça.* • Lexique : les parties du corps (*bouche, bras, cheveux, genou, nez, oreilles, pied, tête, yeux*).	• Les nasales • Les sons [ɔ̃]/[ɑ̃]/[ɛ̃]	*Jean Petit qui danse*	*Le Petit Chaperon rouge*	Pâques	• Fabriquer un pantin • Les crêpes sourire
Unité 5 p. 38	*Le midi, je mange du/de la/des/un/une..., je bois du/de l'...* *J'aime/Je n'aime pas + le/la/les + nom : J'aime le poulet.* *Tu aimes + le/la/les + nom ? : Tu aimes la salade ?* • Lexique : les aliments et boissons (*carottes, eau, fri- tes, fromage, gâteau, jus d'orange, lait, œufs, orange, pain, pizza, poisson, poulet, salade, spaghettis, yaourt*). *Il fait beau. Il y a du vent. Il pleut. C'est nuageux.*	• Discriminer et reproduire les sons [ə]/[e] • Les sons des voyelles [ɑ]/[ə]/[i]/[o] [y]/[e] et des nasales	*J'aime la galette*	*Lulu la grenouille*	L'école et la cantine	• Fabriquer une grenouille en origamie • La mousse au chocolat

Jojo le facteur

Je joue avec les mots et les sons

1 *Écoute et chante !*

Jojo, Jojo
Vite, vite, vite

Jojo, Jojo
Cours, cours, cours

Jojo, Jojo
Sonne, sonne, sonne

Jojo, Jojo
Entre, entre, entre

2 *Écoute et parle comme...*

Bonjour ! Au revoir !

Je comprends, je sais dire

 **1** *Écoute et montre !*

2 *Dis !*

1   2   3

3 *Dis !*

Bonjour !
1

Au revoir !
2

Bonjour!
3

Bonjour!
4

Au revoir!
5

Au revoir!
6

Comment tu t'appelles ?
Je comprends, je sais dire

 1 *Écoute et montre qui parle !*

Quelle couleur ?
Je comprends, je sais dire

2 *Devine ce que j'ai choisi !*

Rocco le renard
Album

1

4

7

2

3

5

6

8

9

Le facteur
En France

Fabriquer un badge

Avec mes 10 doigts

La salade de fruits

Avec mes 10 doigts

2 pommes   2 poires   2 bananes   Cerises   Fraises

10 abricots   Le jus d'une orange   Le jus d'½ citron   1 sachet de sucre vanillé   Quelques feuilles de menthe pour le décor

Couper tous les fruits puis les disposer dans un grand saladier   Presser l'orange et le demi-citron puis verser sur les fruits   Mélanger le tout Saupoudrer de sucre vanillé

Ajouter quelques feuilles de menthe   Servir dans des petites coupelles de verre

1, 2, 3... 9 !
Je comprends, je sais dire

  **1** *Écoute et montre !*

 2 *Écoute, montre et dis !*

 3 *Combien ?*

Quel âge tu as ?
Je comprends, je sais dire

1 *Observe et dis !*

1, 2, 3 nous allons au bois
Je joue avec les mots et les sons

1 *Écoute et chante !*

1, 2, 3, nous allons au bois

4, 5, 6, cueillir des cerises

7, 8, 9, dans mon panier neuf

Quelle couleur ?

Je comprends, je sais dire

  (**1**) *Vrai ou faux ?*

 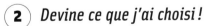 (**2**) *Devine ce que j'ai choisi !*

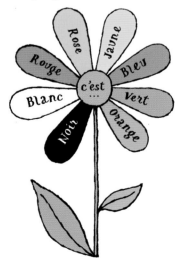

monsieur Crocodile !

3

4

7

8

La fête d'anniversaire
En France

Fabriquer un chapeau de fête
Avec mes 10 doigts

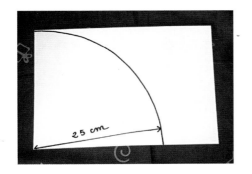
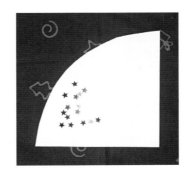

Le gâteau au chocolat
Avec mes 10 doigts

Farine

Sucre

Chocolat en poudre

Beurre fondu et refroidi

2 oeufs

1 cuillère à soupe de lait

Mélanger le tout pour obtenir une pâte homogène.

Verser dans un moule beurré et fariné

Faire cuire 35 mn à feu moyen (200°C)

La lettre au Père Noël

Je comprends, je sais dire

 1 *Regarde et trouve les erreurs !*

CHER PÈRE NOËL,

JE M'APPELLE LUDO. J'AI 8 ANS. JE SUIS TRÈS SAGE. POUR NOËL, JE VOUDRAIS UN [vélo] BLEU, UNE [guitare] ET UN [train] NOIR ET VERT. MA SŒUR EMMA VOUDRAIT UNE [poupée] AVEC UNE ROBE JAUNE ET UN [vélo] ROSE. MON FRÈRE LOUIS VOUDRAIT UN [ballon] ET UN [console] . LÉO VOUDRAIT UN PETIT [robot] ET UN [ours] .

N'OUBLIE PAS UNE PETITE [souris] POUR MON CHAT ! MERCI,

LUDO

 2 *Écoute et trouve !*

	A	B	C	D	E
1	poupée	vélo	ballon	train	guitare
2	train	ours	vélo	robot	ours
3	robot	ballon	poupée	console	vélo
4	souris	poupée	guitare	console	souris

Combien il y a de lions ?

Je comprends, je sais dire

 1 *Regarde et annonce le nombre !*

Promenons-nous dans les bois

Je joue avec les mots et les sons

1 *Écoute et chante !*

Promenons-nous dans les bois
Pendant que le loup n'y est pas
Si le loup y était, il nous mangerait
Mais comme il n'y est pas, il n'nous
mangera pas
Loup y es-tu ? Entends-tu ?
Que fais-tu ?
– Je cherche le lion ! Ouh ! ouh !

– Je cherche le crocodile ! Ouh ! ouh !
– Je cherche l'éléphant ! Ouh ! ouh !
– Je cherche l'ours ! Ouh ! ouh !
– Je cherche la girafe ! Ouh ! ouh !
– Je cherche le tigre ! Ouh ! ouh !
– Me voilà… me voilà ! Ouh ! ouh !

Ch, ch, ch...

Je joue avec les mots et les sons

2 *Écoute et dis de plus en plus vite !*

Le chat de Chine
sans chemise a du chagrin,
seul sur sa chaise.

Un chasseur sachant chasser
sans son chien est un bon chasseur.

Un éléphant blanc assis sur un banc,
c'est choquant mais c'est marrant.

La famille Globule

Album

1

2

5

3

4

6

Noël
En France

Fabriquer un calendrier de l'Avent

Avec mes 10 doigts

Les dattes fourrées

Avec mes 10 doigts

20 dattes

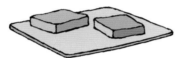

150g de pâte d'amande
de couleurs différentes

sucre en poudre

Couper la pâte d'amande
en 20 morceaux
et les rouler pour former
des petites "saucisses".

Retirer les noyaux des dattes
et les remplacer par
les "saucisses" de pâte d'amande.

Rouler les dattes
dans le sucre en poudre.

Présenter joliment
les dattes sur une assiette.

La famille de Ludo

Je comprends, je sais dire

 1 *Écoute et montre !*

C'est mon père.
C'est mon papa.

C'est ma mère.
C'est ma maman.

C'est mon frère.

C'est ma sœur.

Oh ! ma tête !

Je comprends, je sais dire

 2 *Écoute et trouve !*

1

2

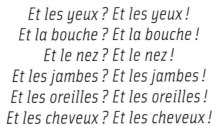

Oh ! ma tête ! ma tête ! ma tête !
Oh ! mes bras ! mes bras !, mes bras !
Oh ! mes g'noux ! mes g'noux ! mes g'noux !
Oh ! mes pieds ! mes pieds ! mes pieds !
Ouille ! ouille ! ouille ! j'ai mal ! (bis)

Et les yeux ? Et les yeux !
Et la bouche ? Et la bouche !
Et le nez ? Et le nez !
Et les jambes ? Et les jambes !
Et les oreilles ? Et les oreilles !
Et les cheveux ? Et les cheveux !

10

9

5   6   7   8

Un rap
Je comprends, je sais dire

1 *Écoute, regarde et dis !*

Marion
Je m'appelle Marion.
J'ai des yeux verts et
des cheveux longs.

Léon

Édouard

Nour

Alain

Les machines à parler
Je joue avec les mots et les sons

2 *Annonce les mots !*

  1  5

Comment tu vas ?

Je comprends, je sais dire

1 *Dis !*

Jean Petit qui danse

Je joue avec les mots et les sons

Jean Petit qui danse, (bis)
De son pied il danse, (bis)
De son pied, pied, pied,
Ainsi danse Jean Petit

Jean Petit qui danse, (bis)
De ses bras il danse, (bis)
De ses bras, bras, bras
De son pied, pied, pied,
Ainsi danse Jean Petit

Jean Petit qui danse, (bis)
De sa tête il danse, (bis)
De sa tête, tête, tête
De ses bras, bras, bras
De son pied, pied, pied,
Ainsi danse Jean Petit

Le Petit Chaperon rouge

Album

1

2

5

6

9

3

4

7

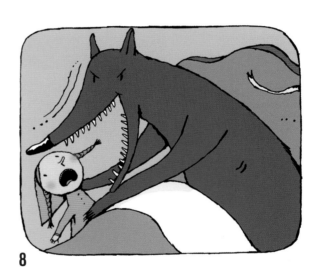

8

10

Pâques
En France

Fabriquer un pantin

Avec mes 10 doigts

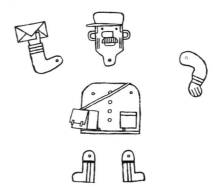

Les crêpes sourire

Avec mes 10 doigts

Farine

4 œufs

½ litre de lait

1 cuillère à soupe de sucre vanillé

1 pincée de sel

50 g de beurre

Mélanger la farine, les œufs, le lait, le sucre vanillé, la pincée de sel dans un saladier.

Fouetter pour obtenir une pâte lisse. Ajouter le beurre fondu.

Laisser reposer...

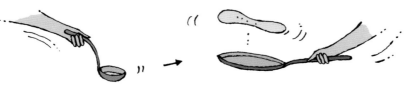

Mettre du beurre dans une poêle très chaude, verser ½ louche de pâte, et faire cuire 2 min. Retourner la crêpe, laisser cuire.

Décorer les crêpes avec un peu de confiture rouge pour la bouche, deux ronds de confiture pour les yeux, et un rond pour le nez...

Poulet et frites

Je comprends, je sais dire

1 *Écoute et observe, puis parle !*

2 *Dis !*

J'aime la salade.

Je n'aime pas la pizza.

Et toi ?

J'aime la galette !

Je joue avec les mots et les sons

1 *Écoute et chante !*

*J'aime la galette,
Savez-vous comment ?
Quand elle est bien faite,
Avec du beurre dedans
tra la la la la la la la lère
tra la la la la la la la la (bis)*

*J'aime le poulet
Savez-vous comment ?
Quand il est grillé
Avec du sel dedans*

*J'aime les spaghettis
Savez-vous comment ?
Quand ils sont bien cuits
Avec du beurre dedans*

*J'aime le poisson
Savez-vous comment ?
Quand il a du citron
Et des herbes dedans*

*J'aime la pizza
Savez-vous comment ?
Quand elle a du paprika
Et des tomates dedans*

*J'aime les yaourts
Savez-vous comment ?
Quand ils sont si doux
Avec du sucre dedans*

Il fait beau !

Je comprends, je sais dire

 1 *Observe et dis !*

1 Paris

2 Marseille

3 Brest

4 Lyon

 2 *Lis et trouve !*

Bonjour à tous !
Je suis en vacances
à Paris.
Il pleut mais la
ville est jolie
Bises
Julien

Valentin Bourg
47 rue d'Arras
59000 Lille

imprimé en France

ville de Brest

Bonjour Stéphanie
Je suis chez mamie
à Brest. Ici il y a du
vent. C'est super pour
jouer avec mon cerf-
volant
A l'ese

Stéphanie Daman
7 square St Martin
75015 Paris

Coucou de Marseille
où il fait beau
Léa

Carole Rocheux
2 place de la Lanterne
95000 Cergy

imprimé en France

ville de Lyon

Gros bisous de Lyon.
Aujourd'hui c'est nuageux
J'en profite pour faire
mon courrier.

Cédric Millet
25 rue du Muguet
13 000 Marseille

imprimé en France

1

2

5

6

la grenouille

3

4

7

8

La cantine
En France

La grenouille en papier
Avec mes 10 doigts

 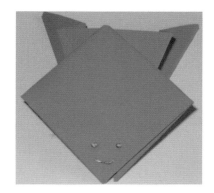 

La mousse au chocolat
Avec mes 10 doigts

180 g de chocolat

2 cuillères à soupe de crème liquide

4 oeufs

1 sachet de sucre vanillé

Casser le chocolat en morceaux et faire fondre au bain marie, lentement.

Ajouter la crème liquide et mélanger.

Retirer du feu.

Casser les oeufs et séparer les blancs et les jaunes. Fouetter les jaunes d'oeuf, et ajouter au mélange chocolat-crème.

Battre les blancs en neige et ajouter le sucre vanillé. Ajouter doucement au mélange chocolat.

Garder au réfrigérateur pendant au moins 6 heures.

Meunier tu dors

Meunier, tu dors
Ton moulin, ton moulin
Va trop vite
Meunier, tu dors,
Ton moulin, ton moulin
Va trop fort

Ton moulin, ton moulin va trop vite
Ton moulin, ton moulin va trop fort
Ton moulin, ton moulin va trop vite
Ton moulin, ton moulin va trop fort

Je suis une souris

Je suis une souris et je bouge mon nez
Je bouge mon nez (bis)
Je suis une souris et je bouge mon nez
Regardez !

Je suis un chat et je ferme les yeux
Je ferme les yeux (bis)
Je suis un chat et je ferme les yeux
Regardez !

Je suis une girafe et je tourne la tête
Je tourne la tête (bis)
Je suis une girafe et je tourne la tête
Regardez !

Je suis un ours et je lève les bras
Je lève les bras (bis)
Je suis un ours et je lève les bras
Regardez !

Je suis un tigre et je frappe les pieds
Et je frappe les pieds (bis)
Je suis un tigre et je frappe les pieds
Regardez !

1, 2, 3

1, 2, 3 fais comme moi
1, 2, 3 ; 1, 2, 3
4, 5, 6 c'est la suite
4, 5, 6 ; 4, 5, 6
7, 8, 9 c'est tout neuf
7, 8, 9 ; 7, 8, 9
1, 2, 3, 4, 5, 6, 7, 8, 9

Comptines

Frère Jacques
Frère Jacques, Frère Jacques
Dormez-vous ? Dormez-vous ?
Sonnez les matines ! Sonnez les matines !
Ding, dang, dong ! Ding, dang, dong !

Petit escargot
Petit escargot
Porte sur son dos
Sa maisonnette
Et quand il fait beau
Et quand il fait chaud
Il sort sa tête

J'aime...
J'aime la salade
J'aime le fromage... Miam, miam !
Mais pas le poisson
Ni le citron... Beurk, beurk !

On aime la salade
On aime le fromage... Miam, miam !
Mais pas le poisson
Ni le citron... Beurk, beurk !

J'aime le lait
J'aime le poulet... Miam, miam !
Mais pas la pizza
Ni le coca... Beurk, beurk !

On aime le lait
On aime le poulet... Miam, miam !
Mais pas la pizza
Ni le coca... Beurk, beurk !

J'aime les fruits
J'aime les spaghettis... Miam, miam !
Mais pas les œufs
J'suis capricieux !

On aime les fruits
On aime les spaghettis... Miam, miam !
Mais pas les œufs
On est capricieux !

Crédits photographiques

p. 8	1	**Camille Tokerud**/Riser/Getty Images
p. 8	2	**Yellow Dog Productions**/Digital Vision/Getty Images
p. 8	3	**Mauritius**/Photononstop
p.12	hg	**Corinne Marchois**
p.12	hd	**Chamussy**/Sipa Press
p.12	b	**Pierre Bessard**/Réa
p.13		**Corinne Marchois**
p.20	h	**Willy de l'Horme**/Photononstop
p.20	bg	**Digital Vision**/Getty Images
p.20	bd	**Emilio Ereza**/Age Fotostock/Eyedea
p.21		**Corinne Marchois**
p.28	hg	**Eising**/Stockfood/StudioX
p.28	hd	**Adam Gault**/Photographer's Choice RF/Getty Images
p.28	md	**Jean-Daniel Sudres**/Top/Eyedea
p.28	b	**Stuart Pearce**/Age Fotostock/Hoa-qui/Eyedea
p.29		**Corinne Marchois**
p.36	h	**Charlie Abad**/Photononstop
p.36		**Bettina Brinkmann**/Hoa-qui/Eyedea
p.41	1	**Jin**/Hoa-qui/Eyedea/Pyramide du Louvre, architecte I. M. Peï
p.41	2	**Bertrand Gardel**/Hemis.fr
p.41	3	**Jean-Marc Romain**/Photononstop
p.41	4	**R. Mattes**/Explorer/Hoa-qui/Eyedea
p.44	h	**Patrick Allard**/Réa
p.44	bg	**Mychelle Daniau**/AFP
p.44	bd	**Florence Durand**/Sipa
p.45		**Corinne Marchois**

Illustrations

Frédérique BERTRAND : pages 10-11, 13, 15 (h et m), 16 (b), 17, 18-19, 21, 25 (h), 26-27, 29, 33 (b), 34-35, 37 (b), 40, 42-43, 45 (b), 46-47.
Jochen GERNER : couverture et pictogrammes, pages 2, 6, 7, 8 (b), 9 (Ludo), 14, 15 (b), 16 (h), 22, 23, 24 (h), 30, 31 (h), 37 (h), 38, 39.
José PARRONDO : pages 8 (h), 9, 24 (b), 25 (b), 31 (b), 32, 33 (h).

Conception et direction artistique (hors photographies) : **Christian Dubuis Santini**
Mise en page : **Géraldine Chazel** © Agence Mercure
Photogravure : **MCP**

éditions didier s'engagent pour l'environnement en réduisant l'empreinte carbone de leurs livres. Celle de cet exemplaire est de :
300 g éq. CO$_2$
Rendez-vous sur www.editionsdidier-durable.fr

PAPIER À BASE DE FIBRES CERTIFIÉES

© **Les Éditions Didier**, Paris, 2008 - ISBN 978-2-278-06080-1 - Dépôt légal : 6080/08
Achevé d'imprimer en septembre 2012 par l'imprimerie **Clerc**